L'AUTHENTICITÉ

DU

SAINT-SÉPULCRE

ET LE

TOMBEAU DE JOSEPH D'ARIMATHIE

SAINT-QUENTIN
IMPRIMERIE JULES MOUREAU

L'AUTHENTICITÉ

DU

SAINT-SÉPULCRE

ET LE TOMBEAU DE JOSEPH D'ARIMATHIE

PAR

CH. CLERMONT-GANNEAU

PARIS
ERNEST LEROUX, ÉDITEUR
LIBRAIRE DE LA SOCIÉTÉ ASIATIQUE DE PARIS, DE L'ÉCOLE DES LANGUES
ORIENTALES VIVANTES, ETC.
28, RUE BONAPARTE, 28

1877

L'AUTHENTICITÉ

DU

SAINT-SÉPULCRE

ET LE

TOMBEAU DE JOSEPH D'ARIMATHIE

I

On a depuis longtemps reconnu, comme l'un des éléments essentiels du grand débat engagé sur l'authenticité du Saint-Sépulcre, la question de savoir si l'on doit, oui ou non, considérer comme un sépulcre antique, la crypte qui est située, dans l'intérieur même de l'église, à une quinzaine de mètres à l'ouest de l'édicule du Saint-Sépulcre, et que l'on désigne couramment sous le nom de *Tombeau de Joseph d'Arimathie* ou de *Tombeaux de Joseph d'Arimathie et de Nicodème*.

L'existence dûment constatée en ce lieu de restes appartenant, d'une façon non équivoque, à une nécropole juive, ferait tomber l'une des principales objections qui ont été élevées contre l'authenticité du Saint-Sépulcre.

L'on sait, en effet, que cette question, tant controversée, peut se diviser en deux propositions subordonnées l'une à l'autre :

1° Le Saint-Sépulcre traditionnel, qui s'élève à *l'intérieur* de la ville moderne, peut-il être réellement un tombeau antique, un tombeau juif ?

2° Ce tombeau juif est-il celui de Jésus ?

La présence autour du Saint-Sépulcre d'un groupe de tombeaux antiques résoudrait cette première proposition dont nombre de savants, avant même de passer à l'examen de la seconde, demandent la preuve, ne pouvant admettre qu'il y ait jamais existé, à l'époque de Jésus, des tombeaux à l'endroit de la ville où l'on montre aujourd'hui le sien.

Ce serait déjà quelque chose d'établir définitivement cette donnée, que le petit édicule adoré aujourd'hui peut avoir en effet pour noyau, sinon le propre tombeau où fut déposé Jésus, *du moins une véritable tombe juive*.

Les adversaires, comme les partisans de l'authenticité, ont bien compris toute l'importance de cette considération préliminaire et ils y ont fait porter de bonne heure, avec raison, le principal effort de leur argumentation, affirmative ou négative.

Les uns et les autres, tout en accordant à ce détail l'intérêt qu'il méritait, ne me semblent pas cependant s'être livrés à une étude absolument *exhaustive* du lieu en litige.

Un examen attentif de cette crypte, m'a révélé diverses particularités qui, je crois, n'avaient pas été relevées par mes devanciers et qui me paraissent devoir peser d'un poids décisif dans la balance.

M. N. Hepworth Dixon vient récemment d'attirer dans un remarquable article (1) l'attention du public anglais, sur cette face d'un problème archéologique qui a eu le rare privilége de provoquer, en dépit de son aridité, un intérêt général, et de soulever les discussions les plus passionnées.

L'éminent écrivain s'est efforcé de faire comprendre la valeur des faits nouveaux révélés par mes recherches sur ce point.

Je voudrais essayer d'expliquer brièvement en quoi consistent ces résultats, et placer sous les yeux des lecteurs quelques relevés graphiques qui leur en feront mieux saisir la nature, la portée et l'étendue.

(1) *The Gentleman's Magazine*, March., 1877, p. 334 : *The Holy Sepulchre*.

II

A quelques mètres à l'ouest du Saint-Sépulcre qui s'élève isolé au milieu de la rotonde de l'église, on pénètre, en passant entre deux des piliers sur lesquels repose la vaste coupole de l'édifice, dans une petite chapelle appartenant aux Syriens.

Au fond de cette chapelle est une abside, regardant l'ouest. Un passage pratiqué à gauche, par conséquent au sud, à peu près à la naissance de l'abside, donne accès obliquement dans un réduit sombre, exigu, tout de guingois, formé en partie de parois taillées dans le roc, en partie de murs appartenant au gros œuvre de la rotonde.

LE TOMBEAU DE JOSEPH D'ARIMATHIE
Vue de l'intérieur.

Une fois entré, après avoir monté une marche taillée dans le rocher, on aperçoit devant soi, à ses pieds, à la lueur incertaine d'une lampe fumeuse, un trou (Z G) noir, angulaire, foncé dans le sol rocheux; j'en reparlerai tout à l'heure.

A quelques centimètres au-delà, se dresse la paroi du fond, taillée verticalement dans le rocher.

Au milieu de cette paroi est une arcade, en plein-cintre, défoncée, d'environ 1^m 20 de hauteur sur 1^m 40 de largeur, descendant jusqu'au parquet rocheux.

Elle recouvre deux autres ouvertures cintrées plus petites, deux gueules béantes de fours, ou *kokim*, K, J, qui plongent horizontalement dans le massif rocheux à une profondeur que nous évaluerons plus tard.

A droite, autre paroi de rocher faisant avec celle du fond un retour d'angle un peu obtus: deux autres bouches de four I, H, y sont percées, mais celles-ci sont murées; entre la deuxième bouche et l'entrée du réduit la paroi est construite: une porte E, fermée à clef, y est pratiquée.

La paroi de gauche est constituée par un gros mur construit qui franchit en diagonale la fosse creusée dans le sol et forme avec les deux autres parois deux angles très-aigus. C'est à ce mur qu'est accrochée la petite lampe.

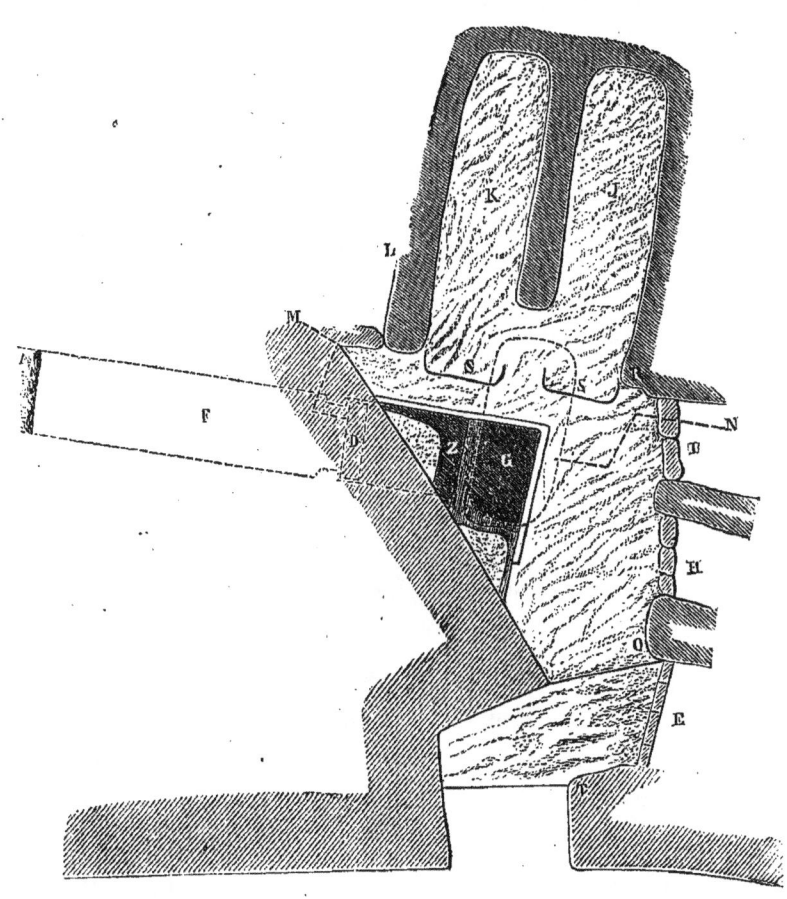

LE TOMBEAU DE JOSEPH D'ARIMATHIE

Plan

(Comparez la coupe à la page 13.)

On voit en résumé que ce singulier réduit est disposé sur un plan sensiblement triangulaire, et que deux des côtés seulement sont formés par le rocher taillé, le troisième n'étant autre chose qu'une section d'un gros mur qui appartient à l'ensemble architectural de l'église, et qui paraît avoir recoupé brutalement un caveau préexistant.

La majeure partie du plafond est encore le rocher taillé.

Examinons l'endroit un peu plus minutieusement.

A l'extrémité gauche de la paroi du fond, à côté de l'ouverture du four K, l'on constate l'existence, très-reconnaissable, d'une troisième ouverture L tout à fait semblable mais murée et en partie cachée par le gros mur oblique.

L'obturation de cette ouverture n'est pas tellement parfaite qu'on ne puisse s'assurer, en y glissant une baguette plate et mince, de la présence d'un vide assez profond pour montrer que nous avons là, à n'en pas douter, un *troisième* four L, parallèle aux deux autres K, J, et s'enfonçant, comme eux, horizontalement dans l'épaisseur du rocher.

Sur la paroi de droite, observation analogue :

Il devait y avoir, à la suite des deux fours I, H, à l'endroit occupé par la petite porte fermée E, un troisième four parallèle aux précédents : l'on constate fort bien, vers le point O, le commencement de la paroi latérale de ce four aujourd'hui détruit.

De bonne heure l'on avait voulu reconnaître là la disposition générale des tombeaux juifs ordinaires qui consistent dans un petit caveau carré avec un certain nombre (généralement 3+3+3) de fours à cadavres, sur trois de leurs faces. Mais même ceux qui admettaient cette ressemblance n'arrivaient pas à rendre un compte satisfaisant de la forme primitive qu'aurait affectée ce caveau, et ne pouvaient surtout répondre à certaines objections dirimantes que leurs adversaires tiraient de quelques particularités en effet bien étranges.

Mais avant de nous engager dans cette polémique, il nous reste à étudier un point qui y a apporté le plus d'éléments de controverse : c'est cette espèce de fosse pratiquée dans le sol rocheux de la chambre, en avant du four K, et dont j'ai parlé en passant.

Elle consiste dans une ouverture triangulaire **Z, G**, dont l'angle est opposé au gros mur oblique de gauche; les deux côtés de cet angle offrent sur les bords une petite feuillure ou rainure, probablement destiné à recevoir une dalle horizontale.

Le long du gros mur, les bords de la fosse sont irrégulièrement découpés.

On descend en **G** dans une première cavité de 1^m 10 de profondeur.

Là on se trouve dans une espèce de petite cuve allongée, marquée en pointillés sur le plan, qui s'engage en partie (à droite et surtout en avant, entre **S, S**) sous le sol rocheux.

On peut voir en **G**, sur le plan, comment elle pénètre sous les fours **K, J**.

Cette cuve n'a pas 1^m 30 de longueur sur 0^m 50 de largeur.

Jamais certainement cadavre d'adulte n'a pu tenir dans ce trou.

C'est bien pis encore pour le trou **Z** qui est adjacent au trou **G** et n'en est séparé que par une mince cloison ménagée dans le roc: celui-ci est un réduit carré de 0^m 60 de longueur sur 0^m 50 de largeur; il est en partie recouvert par un fragment du parquet rocheux qui lui sert de plafond; la hauteur de ce réduit, dans sa disposition souterraine, est de 0^m 80.

De plus, il n'y a pas entre le bord inférieur du rocher, formant plafond, et le bord supérieur du diaphragme rocheux qui sépare les deux fosses Z, H, plus de 0ᵐ 25 de largeur.

L'exiguité de ces dimensions rend l'étude de ces trous extrêmement pénible et difficile. C'est ce qui explique probablement que l'on n'ait pas avant moi constaté en ce point *un fait d'une importance capitale et de nature à modifier profondément les idées reçues jusqu'ici de part et d'autre.*

Mais avant d'exposer ce que l'on peut, avec M. Hepworth Dixon, appeler sans exagération une découverte, je veux revenir sur quelques détails qui ne sont pas sans intérêt.

Les partisans de l'inauthenticité s'appuyant sur les dimensions de ces deux dernières fosses, auxquelles la légende actuelle rattache les noms de Joseph d'Arimathie et de Nicodème, leur dénient tout *caractère sépulcral*, parce qu'elles n'ont jamais pu contenir des cadavres d'adultes.

L'objection est spécieuse, en effet, et on l'a poussée même jusqu'à l'extrême, en prétendant que nous aurions ici un *pseudo-sépulcre*, creusé à l'époque des croisades sur un patron juif, le tout pour fournir *après coup* une justification matérielle à la légende.

Je n'ai pas besoin de faire remarquer combien cela est peu admissible, et contraire aux procédés populaires qui imaginent bien plutôt, et plus aisément, la légende pour expliquer le monument.

On pourrait répondre que nous avons là tout bonnement deux réduits servant *d'ossuaires* et destinés à recevoir, au bout d'un certain temps, lorsqu'il fallait faire place aux nouveaux venus, les débris osseux des premiers hôtes du sépulcre, soit directement, soit par l'intermédiaire de ces tout petits coffrets funéraires dont j'ai recueilli de si nombreux et de si curieux spécimens durant ma mission.

De bonne heure on avait été frappé de l'exiguité de ces deux *loculi* et de l'impossibilité d'y loger des cadavres d'adultes.

T. Tobler a recueilli divers témoignages qui le prouvent; il les résume et se fait l'interprète des doutes provoqués par cette impossibilité, non-seulement pour l'authenticité *relative* des tombeaux en tant que tombeaux de Joseph et de Nicodème, mais même pour leur *authenticité absolue comme tombeaux réellement antiques* (1).

Il appuie cette critique, très-grave en apparence, sur le fait moins important en lui-même, que nous n'avons guère de mention positive de ces tombeaux avant le seizième siècle.

On a été jusqu'à faire la même objection aux deux fours K, J, situés à un niveau supérieur.

---

(1) T. Tobler,*Golgatha* p. 354 : Das erste Græberpaar læsst sich wegen der Kürze nicht unter die gewœhnlichen Græber Jerusalems subsumiren, und kann als ein *erunglueckter Versuch, die Grabstaeten des Josephus von Arimathia und des Nikodemus zu veranschaulichen,* betrachtet werden. Hœchstens waren die vermeintlichen Græber dieser Mænner Kindergræber.

Quaresmius lui-même disait de ces deux excavations : *Duplex est, et utrumque angustum, quia vix humanum corpus capere potest* (*Elucidatio Terræ Sanctæ II,* 568).

En effet, ces deux fours ne mesurent, à l'heure présente, guère plus de 1ᵐ 50 de longueur : c'est encore insuffisant pour loger un cadavre ordinaire ; les fours ont constamment, en moyenne, 2 mètres de longueur ; on voit que nous sommes loin de compte.

On ne saurait se dissimuler que cette fois l'objection est plus embarrassante que tout à l'heure, et que ceux qui veulent voir ici des sépulcres fictifs, artificiels, ont quelque lieu de triompher (1).

La réponse est aisée cependant, bien qu'elle n'ait jamais été faite, à ma connaissance.

Nous avons vu plus haut que les bouches des deux fours sont inscrites dans une arcade défoncée, c'est-à-dire creusée aux dépens *du nu* normal de la paroi ; admettons un moment que cette arcade ait été pratiquée *après coup*, qu'elle n'existait pas à l'origine.

Qu'arrive-t-il ? c'est que les fours devront être *augmentés de toute la longueur qu'ils ont pu perdre par l'évidement ultérieur de l'arcade.*

Dans ce cas le vide de l'arcade aurait tout simplement écourté les fours excisés sur leur face antérieure.

(1) T. Tobler, *Golgatha* p. 355 : *Die Schiebgræber*, an denen man freilich so wenig, als an den Senkgræbern, unzweideutige Spuren des jüdischen Alterthums entdeckt, sind zwar besser gelungen ; *doch haben sie nicht die normale Laenge von 6'*, wie man sie in den Græbern der Richter und Propheten, der Schluchten Josaphats und Ben Hinnoms findet.

Eh bien, c'est précisément ce qui est arrivé.

Les fours s'étendaient primitivement jusqu'en S, S du plan : nous en avons la preuve matérielle. En effet l'ablation du roc n'a pas été tellement bien faite qu'elle n'ait laissé la marque très-visible, comme la trace, de l'extension originaire des fours.

Cette trace est aussi fort reconnaissable sur la gravure de la vue pittoresque du caveau.

Il est même à noter que cette marque irrécusable qui dépasse de beaucoup le fond de l'arcade, est *légèrement, en avant* de l'aplomb de la paroi; ce qui tendrait à prouver que la paroi elle-même a pu subir un petit ravalement.

Mesurons maintenant la longueur des fours en leur restituant leurs dimensions primitives, depuis le fond jusqu'à la trace S S et nous trouverons largement nos *deux mètres* réglementaires.

Mais, dira-t-on, dans quel but aurait-on creusé cette arcade après coup et défiguré ainsi ces deux fours?

Dans quel but? C'est ici qu'il y a lieu de faire intervenir la légende; la croyance populaire a rattaché à ce lieu les noms des deux personnages évangéliques, Joseph d'Arimathie et Nicodème. On a localisé ce double souvenir dans les *deux fours* qui se présentaient tout d'abord aux pieux visiteurs de la crypte à moitié détruite par la construction de l'église; puis pour lier indissolublement ce double souvenir et attacher à ce sanctuaire, en voie de formation, une consécration religieuse, on a pratiqué cette espèce de niche, commode pour les besoins du culte et donnant à ces deux ouvertures ainsi conjuguées, une tournure de petite chapelle.

Je suis bien convaincu pour ma part qu'au moyen âge les deux tombeaux vénérés étaient ces deux fours et non point, comme on l'admet généralement, les deux petites cuves souterraines à l'étude desquelles je dois maintenant revenir.

Si l'on descend dans la cuve G, et que l'on introduise la partie antérieure de son corps par l'étroite ouverture de la cuve Z ($0^m 25$) pour en examiner les parois, l'on est amplement récompensé de cette espèce de tour de force, des plus désagréables, puisqu'il faut faire de l'archéologie la tête en bas. On peut encore arriver aux mêmes fins en se couchant à plat ventre sur le sol, et en se laissant glisser dans le trou la tête la première : la position est à peu près aussi gênante.

Alors on s'aperçoit que le réduit carré Z n'est pas en réalité entièrement formé par le rocher, mais que l'une de ses parois, celle du fond, parallèle à la cloison mitoyenne de roc, *est constituée par une dalle verticale d'environ $0^m 70$ de hauteur !*

Cette dalle masque l'entrée d'un long passage apparemment taillé dans le roc; elle semble être appliquée contre une petite feuillure ménagée dans le roc et faisant saillie derrière elle.

J'ai pu introduire, dans l'interstice de la dalle et du sol sur lequel elle repose, une longue tige qui a pénétré jusqu'à plus de *deux mètres de profondeur;* arrivé là je n'ai pu sonder plus loin ; je pense que j'ai été arrêté par de la terre et des gravats A.

J'ai répété plusieurs fois l'expérience et touché avec ma tige les parois latérales et le plafond de cette sorte de corridor. J'ai pu même, après plusieurs tentatives infructueuses, éclairer l'intérieur du passage en armant l'extrémité de ma tige d'un bout de bougie microscopique, et contrôler en partie par l'œil ce que m'avait révélé le toucher.

M. A. Lecomte me relayait dans cette fatigante opération, et c'est ainsi que nous avons pu obtenir les éléments figurés en F sur le plan et la coupe.

Un coup d'œil jeté sur ces dessins fera comprendre à tous ceux qui sont quelque peu au courant de la question la valeur considérable de cette constatation imprévue.

Voilà qui agrandit singulièrement le champ d'une discussion déjà si vaste.

Je n'ai pas besoin de dire quelle curiosité ardente me poussait à voir où pouvait mener le passage obturé par cette dalle mystérieuse.

Il y avait chance de déboucher par là dans quelque nouvelle chambre sépulcrale totalement inconnue, qui sait même ? inviolée peut-être, ou violée de manière à laisser à faire encore à l'archéologue quelque inestimable trouvaille ! Des objets funéraires sans valeur intrinsèque, mais pouvant fournir de précieux synchronismes! Des ossuaires, des fragments d'ossuaires, avec des inscriptions hébraïques, comme ceux que j'ai recueillis autour de Jérusalem! Se figure-t-on les conséquences qu'on pourrait tirer, pour la question pendante, d'un document épigraphique de cette catégorie!

Tous ces rêves d'antiquaire, je les ai faits, et on peut les faire encore, car il m'a été impossible d'obtenir l'autorisation d'enlever cette malencontreuse dalle.

La possession de ce sanctuaire est comme celle de tant d'autres, l'objet de contestations entre plusieurs clergés, de sorte que l'on ne sait à qui s'adresser.

D'ailleurs, j'étais alors dans une situation très-délicate vis-à-vis des autorités administratives et religieuses de Jérusalem, par suite de la querelle des poteries moabites et de l'algarade de Gezer; j'avais soulevé contre moi de telles animosités que mon crédit personnel avait fini par s'en ressentir. L'on sait du reste quelles grosses difficultés politiques peut amener dans cette singulière ville de Jérusalem, la moindre tentative de toucher non-seulement à une pierre, mais à un chiffon, à un clou d'un de ces sanctuaires contestés.

Peut-être cependant, je l'avoue, si je n'avais dû peu après songer à retourner en Europe, me serais-je décidé à passer outre, et à enlever la dalle clandestinement, sans demander la permission, en essayant d'éluder la surveillance assez gênante des moines. Il faut souvent en agir ainsi en Orient. Je recommande cette petite effraction au premier touriste un peu aventureux qui passera par Jérusalem et qui tiendra à honneur de nous donner le dernier mot de cette énigme.

III

Est-il possible jusque-là, de se faire une idée de ce que peut être ce passage inconnu ?

La pensée qui se présente tout d'abord, c'est que nous avons ici, comme dans mainte chambre sépulcrale des environs, un corridor creusé pour donner accès dans une seconde chambre située à un niveau inférieur.

Mais, en y réfléchissant, cela semble assez difficile à admettre; les dimensions de cette espèce de corridor, quoique exiguës, sont bien suffisantes pour livrer passage, et les diverses nécropoles de Jérusalem nous fournissent des exemples de corridors incontestables, aussi étroits et aussi bas; mais les dimensions de l'*orifice* même du passage, entre le bord du parquet et le bord de la cloison mitoyenne sont véritablement par trop petites. Un vivant peut à la rigueur se glisser par cette sorte de fente, mais il me paraît à peu près impossible de faire suivre le même chemin à un corps inanimé : rien que la rigidité cadavérique empêcherait la flexion des membres, nécessaire aujourd'hui pour se laisser couler à travers cette fente tout en s'engageant en même temps dans le corridor.

On peut faire valoir les mêmes objections contre ceux qui seraient tentés de considérer ce vide F, comme appartenant tout simplement à un *four supplémentaire*, dont la dalle D boucherait la partie antérieure, l'entrée primitive, et qui s'arrêterait dans le rocher, à peu près au point A où j'ai constaté la présence de débris.

Passage ou cul-de-sac, ce trou offre toujours les mêmes obstacles à l'introduction d'un cadavre. De plus, en raisonnant dans l'hypothèse d'un four, on s'expose à de nouvelles critiques :

1º L'orifice (à peu près impraticable) de ce four serait bien en avant au milieu de la chambre sépulcrale; on s'attendrait à ce qu'il fût, comme d'habitude dans ce cas, au-dessous des fours de la paroi de gauche, et dans l'aplomb de cette paroi.

2º La hauteur du four 0^{m}80 environ, serait bien considérable (1); elle dépasserait sensiblement celle

---

(1) La même observation peut s'appliquer à la niche G, qui est sensiblement de même hauteur, et que l'on *ne doit* pas, pour des motifs exposés plus haut, regarder comme un *four*, mais comme un réceptacle à ossuaires.

qui nous est connue des fours L, K, J du même sépulcre.

3° La longueur de ce prétendu four, mesurée depuis la cloison qui sépare G de Z, jusqu'au point A, atteint par ma sonde, serait de *deux mètres quatre-vingts centimètres,* c'est-à-dire qu'elle dépasserait de près de $0^m 80$ la longueur constante des fours; si l'on ne mesurait qu'en partant de la dalle D, c'est-à-dire de la feuillure, l'on obtiendrait bien la longueur normale de deux mètres; mais que faire alors de la fosse Z qui, située à la partie antérieure de ce four, en serait un prolongement inexplicable et inutile?

4° Enfin l'accumulation des débris en A, au fond du passage paraît bien impliquer qu'il y a au delà un large vide, d'où proviennent ces débris; l'angle même de cette accumulation : ➤ nous induit à admettre que l'envahissement s'est fait de A en D, et non de D en A, autrement la pente serait inverse : ◁; or, le fond du four étant précisément marqué par ce point A, d'où proviendrait cette terre d'éboulis, que nous trouvons là où nous devrions nous attendre à nous heurter contre le roc?

Ce vide n'est donc point une impasse.

En tenant compte de ces diverses observations, il vaut peut-être mieux supposer que ce corridor apparent n'est autre chose que *le fond d'un four appartenant à une chambre voisine;* que ce fond aura été perforé et prolongé à l'époque, quelle qu'elle soit, où l'on a creusé les fosses G et Z.

C'est là un fait qui arrive assez fréquemment dans les tombeaux de Palestine; souvent deux caveaux sont contigus, au point que les *Kokims* de l'un pénètrent dans l'intérieur de l'autre.

Cette pénétration peut être :

Ou accidentelle : résultant soit d'une inexactitude dans les mesures prises, soit de l'ignorance où étaient les carriers de l'existence d'une chambre voisine;

Ou intentionnelle : pour établir une communication entre deux caveaux, et en faire un seul et même tombeau.

Ici la communication semblerait plutôt avoir été le fait d'un accident; autrement en aurait cherché à la rendre d'un accès moins compliqué et moins pénible. Néanmoins je ne serai pas trop affirmatif sur ce dernier point; il est plus prudent d'attendre les résultats d'une exploration complète.

Quoi qu'il en soit, four défoncé ou corridor, il est plus que probable que ce passage, ignoré jusqu'à ce jour, mène à une seconde chambre sépulcrale, située à un niveau légèrement inférieur à celui de la chambre actuellement accessible, et complétement recouverte par le gros œuvre de l'église du Saint-Sépulcre.

En raisonnant dans cette hypothèse, on pourrait se représenter la disposition de cette chambre et ses relations avec l'autre, comme j'ai essayé de le montrer dans le petit diagramme schématique ci-dessous (plan et coupe).

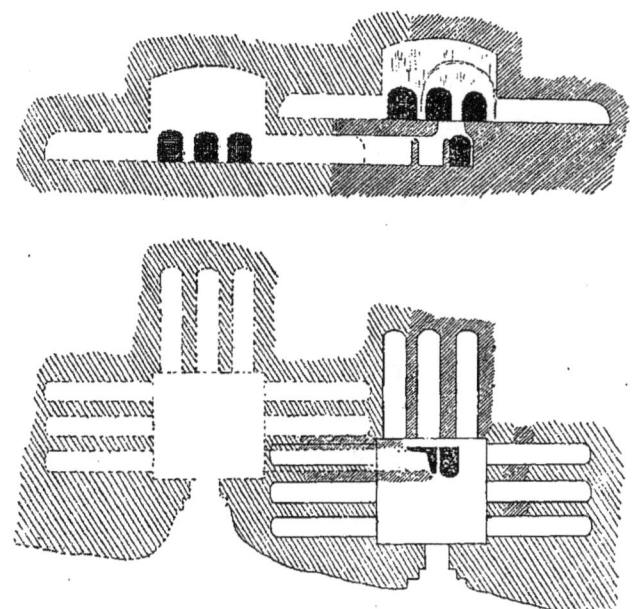

Cette chambre aurait eu naturellement son entrée propre par une porte communiquant au dehors et pratiquée dans le même flanc rocheux où était percée celle du caveau dit de Joseph d'Arimathie.

Je n'ai pas vu les lieux, je ne puis donc rien garantir; mais cet arrangement, que je donne sous toute réserve, offre assurément un certain degré de vraisemblance.

Je terminerai, pour montrer les progrès faits, grâce à ces nouvelles observations, par la critique archéologique, en rappelant la théorie généralement admise jusqu'à ce jour par les partisans de l'authenticité absolue ou relative, et qu'on trouve le plus clairement exposée chez M. de Vogüé.

M. de Vogüé considère le tombeau primitif comme une chambre carrée, taillée dans le roc, précédée d'un vestibule beaucoup plus grand qu'elle, qui communiquait à l'extérieur par un couloir assez court.

Il suppose que la chambre proprement dite offrait sur sa paroi du fond, trois fours à cercueil, et sur les deux autres parois, à droite et à gauche *deux* fours seulement (1).

Le savant archéologue admet la réalité de la tradition qui fait de ce tombeau le sépulcre de famille de Joseph d'Arimathie et il voit dans les excavations pratiquées dans le sol même du caveau « *un sarcophage* (2), » une tombe supplémentaire que Joseph s'était fait creuser pour lui-même, après avoir donné son propre sépulcre (le Saint-Sépulcre actuel), afin d'y déposer le corps de Jésus.

Il ne s'occupe pas des objections tirées de l'exiguité des fours et des *loculi*.

M. de Vogüé est revenu dans son *Temple de Jérusalem* (3), sur cette question en rectifiant sur

---

(1) *M. de Vogüé*. Les Églises de la Terre-Sainte, p. 125, 126 et p. 133, 134, pl. VI, n° 1.

(2) *Robinson :* « A small Sarcophagus. » *Biblical Researches III*, 180.

(3) *Le Temple de Jérusalem*, p. 116, 117.

plusieurs points sa première façon de voir; il marque, par exemple, sur la paroi de droite, non plus *deux* fours comme il l'avait fait en 1860, mais bien *trois;* il serait même disposé à admettre, en s'appuyant sur certaines données du Talmud, que les parois *latérales* avaient chacune *quatre* fours (p. 116).

Je ferai observer que cette dernière conjecture, est possible, mais que rien de ce qui est actuellement *visible,* ne l'autorise.

Il compte cette fois « deux sarcophages creusés dans le sol de la chambre. »

M. de Vogüé accompagne ses nouvelles observations d'un plan et d'une coupe qui, bien que faits avec soin et de beaucoup supérieurs à tout ce qui avait été jusque là publié, ne donnent pas une idée de la disposition des lieux aussi précise et aussi complète que le font nos dessins.

Je dis cela surtout pour la partie creusée dans le sol rocheux de la chambre, partie dont j'ai déjà signalé l'importance tout à fait hors ligne, puisqu'elle tend à faire supposer l'existence *d'une seconde chambre inconnue.*

Une autre conclusion essentielle qui se dégage de l'étude du plan, c'est que la paroi de droite actuelle R, O, n'est pas la paroi *primitive,* bien qu'elle soit constituée par le rocher.

Elle devrait former avec la paroi du fond (où sont pratiqués les fours K, J) un angle sensiblement *droit* et non un angle *obtus* comme elle le fait.

Il est bien probable qu'elle s'étendait à l'origine en suivant à peu près une ligne qui passerait par R T; et qu'elle a été retaillée après coup pour élargir le réduit et surtout pour permettre de passer entre le gros mur de gauche et le point O.

Naturellement les fours I, H, E ont été encore ici écourtés par cette incision, de sorte qu'on peut dès maintenant prévoir que lorsqu'il sera possible de les sonder ou de les explorer on ne leur trouvera pas la longueur normale de *deux mètres*.

Le point de départ primitif de cette paroi remaniée est peut-être matériellement marqué par le petit décrochement que l'on observe en R, bien qu'il soit situé légèrement en retraite des traces S, S, orifices anciens des fours K, J.

Il est à noter de plus, qu'en adoptant cette restitution pour ainsi dire forcée de la paroi de droite, on obtient qu'une des parois latérales des fours N et E (en O) soit sensiblement *perpendiculaire* à cette ligne idéale; si l'on suppose que les autres parois de ce groupe de fours ont été un peu altérées, ou recoupées transversalement à une profondeur où elles étaient primitivement irrégulières (1), on peut rétablir entre la paroi de droite et les fours qui y étaient percés cette perpendicularité qui est la règle, et que l'état

---

(1) Souvent, même dans les tombeaux soignés, les fours, réguliers dans leur partie antérieure, sont loin de présenter la même régularité à mesure qu'ils pénètrent dans la profondeur du rocher; parfois leurs parois ne gardent plus leur parallélisme initial.

présent des lieux est tout à fait loin de nous offrir.

Le four J de la paroi du fond, et le four I de la paroi de droite, comparés isolément, sont à peu près à angle droit en R, en retour d'équerre, comme c'est l'habitude dans les caveaux palestiniens; mais l'irrégularité commence déjà à la seconde paroi du four I, qui n'est plus parallèle à la première.

www.ingramcontent.com/pod-product-compliance
Lightning Source LLC
Chambersburg PA
CBHW060912050426
42453CB00010B/1683